NOUVELLE
MÉTHODE DE LECTURE,

Applicable à tous les modes d'enseignement,

AVEC LAQUELLE

On obtient autant de progrès en deux mois qu'on peut en obtenir en quatre avec la plupart des autres les plus renommées,

SUIVIE

DE LECTURE COURANTE,

PAR A. B.

SAINT-ÉTIENNE,

E.-J. CONSTANTIN ET Cᵉ,

Libraires des écoles chrétiennes, rue des Prêtres, n° 1, près l'hôpital.

1843

PROPRIÉTÉ.

NOTA. Les procédés pour apprendre à lire, ainsi que ceux pour apprendre l'orthographe usuelle, tout en apprenant à lire avec cette Méthode, sont indiqués au long dans les tableaux avec lesquels cet ouvrage est en rapport.

REMARQUE.

Parmi les nombreux avantages que présente cette Méthode, elle a particulièrement celui de faciliter beaucoup l'apprentissage de l'orthographe usuelle. On a vu des enfants de six à sept ans, écrivant pour la première fois sous la dictée, ne faire que deux ou trois fautes d'orthographe usuelle dans une dictée de dix lignes. Quant aux autres avantages qu'elle présente, il est inutile d'en faire l'énumération. MM. les instituteurs comprendront certainement que l'élève n'éprouve pas plus de difficultés à retenir le nom de tous les sons renfermés dans chaque case, qu'il en éprouverait à retenir le nom d'un seul, n'ayant qu'à retenir le nom de la case; et que par conséquent pour apprendre le nom des 110 lettres ou réunions de lettres que renferment les cases des deux premières leçons, il n'a qu'à se rappeler le nom de 32 cases; que de la manière dont sont disposés les principes, l'élève n'éprouve aucune difficulté à former des syllabes avec ces 110 éléments; et qu'ainsi il est bientôt à même de lire couramment les mots et les phrases des leçons 4e et 5e, quoiqu'elles réunissent presque toutes les difficultés de la lecture. Enfin, MM. les instituteurs conviendront qu'il serait bien difficile de concevoir une marche plus simple et surtout plus expéditive que celle qu'on a suivie ici. Ils ne seront pas étonnés si on leur dit que ceux qui se servent de cette Méthode voient plusieurs de leurs élèves lire couramment tout imprimé, après six semaines à deux mois de leçons, et cela sans beaucoup de peine pour le maître, car, par le moyen des cases qui, dans les tableaux, accompagnent chaque exercice, l'élève peut seul se tirer d'embarras, n'ayant pour cela qu'à jeter les yeux sur les deux cases qui correspondent ou dont les éléments concourent à former la syllabe qui l'arrête

LEÇON 1re.

Sons ou voyelles.

a â *a* A	eu eû œu
e *e* E	ou oû
é er ez	an am en em
è ê ai ei et est	in im ain ein aim yn ym
i î I *y* Y	
o ô au eau	on om
u û U	un um

EXERCICE.

Sons simples monogrammes.

Lettres ordinaires.	a	i	o	è
	u	e	y	é
Italiques.	*é*	*u*	*a*	*i*
	o	*é*	*y*	*e*
Majuscules	È	O	U	I
	E	A	É	Y

Sons simples polygrammes.

ai	au	eu	ou	eau
er	est	an	ez	in
ei	œu	am	im	et
on	un	em	ain	en
ein	on	um	yn	aim.

Sons longs.

â ê î ô û

eû oû

Leçon 2ᵉ.

Articulations ou consonnes.

(be)	(me)
b bb *b* B	m mm *m* M
(ke) c cc qu Qu cqu k	**(ne)** n nn *n* N
(de) d dd *d* D	**(re)** r rr *r* R
(fe) f ff *f* F ph	**(se)** s ss ç
(gue) g *g* G gu	**(te)** t tt *t* T
(ache) h *h* H	**(ve)** v W *v*
(je) j *j* J	**(xe)** x *x*	**(ze)** z *z*
(le) l ll *l* L	**(che)** ch	**(gne)** gn	**(ille)** ill

Exercice.

Articulations simples monogrammes.

Lettres ordinaires.	b	p	d	q⁽ᵏᵘ⁾	v	t
	f	g	c	ç	z	j
	s	l	m	n	r	h
Italiques.	*p*	*d*	*b*	*f*	*v*	*g*
	c	*j*	*z*	*l*	*r*	*x*
	t	*m*	*n*	*v*	*k*	*h*
Majuscules.	D	B	P	C	G	F
	T	R	M	N	S	Z
	J	L	H	K	V	M

Articulations simples polygrammes.

pp	bb	dd	ff	ll
mm	nn	cc	rr	tt
ss	w	ph	qu	gu
cqu	ill	gn	ch	Qu

Leçon 3ᵐᵉ.

	a *a*	e e	é er ez	è ê ai ei	i y
b	b a	b e	b é	b ê	b i
c qu	c a	qu e	qu é	qu ê	k i
d	d a	d e	d ez	d et	d i
f ph	f a	ff e	f é	f ai	ph y
g gu	g a	gu e	gu é	g ai	gu i
j	j a	j e	j é	j' ai	j i
l	l a	ll e	l é	l ai	l i
m	m a	m e	m é	m è	m i
n	n a	n e	n ez	n et	n i
p	pa	ppe	pez	pè	py
r	ra	rre	ré	rai	rri
ç s	sa	sse	sé	sei	si
t	ta	te	tez	tê	ti
v	va	ve	vé	vai	vi
x, z	xa	ze	xé	zè	xi
ch	cha	che	chez	chai	chi
gn	gna	gne	gné	gnè	gni
ill	illa	ille	illé	illè	illi

— Syllabes.

o	eu	an	in	im	on	
au	œu	en	ain		om	u, ou

b au	b eu	b an	b in	b on	b u
c au	qu eu	c an	qu in	c om	c ou
d o	d eu	d en	d in	d on	d u
ph o	f eu	f en	f in	f on	f ou
g au	gu eu	g an	g ain	g on	g ou
j o	j eu	j am	j' in	j on	j u
l au	l eu	l an	l in	l on	l ou
m o	m eu	m en	m in	m on	m u
n o	n œu	n an	n ym	n on	n ou
(1)					
peau	peu	pen	pain	pom	pu
ro	reu	ren	rein	ron	rou
so	seu	san	sain	çon	ssu
tau	teu	tem	tin	tom	tou
vo	vœu	ven	vin	von	vu
zo	zeu	xan	zin	xon	xu
cho	cheu	chan	chain	chon	chu
gno	gneu	gnan	gnin	gnon	gnu
illo	illeu	illan	illin	illon	illou

(1) Remarquez qu'une syllabe n'est divisible qu'en deux parties : l'articulation et le son.

Leçon 4ᵐᵉ.

Mots.

â me, a bbé, bê che, beu rre, ca ve, ca illou, ca non, dou te, fau te, fê te, fi gue, gai ne, lan gue, lam pe, la me, man teau, mou ton, ma ille, na ppe, pen te, pom pe, pei ne, quin ze, rou te, so mme, tom beau, zé ro, che min, chaî ne, chi gnon, a ffai re, ba ta ille, com pa gnon, can ti que, do mai ne, fan ta ssin, mon ta gne, na tu re, tem pê te, vo la ille, a ven tu re, in ven tai re,

ami, anse, bête, buche, cave, cuve, couteau, quête, dôme, épi, fente, gaze, jambon, lame, laine, lune, manche, monde, moule, peine, pomme, poulet, râpe, rave, rouille, soupe, santé, chapeau, chaîne, chanson, chute, abîme, caleçon, campagne, épine, chataigne, dorure, peinture, pureté, modèle, nature, offense, quenouille, rature, souillure, sainteté, teinture, accolade, embouchure, phénomène.

Leçon 5ᵐᵉ.

Phrases.

Un bou chon, u ne fi gue, la doru re, u ne cam pa gne, du bou din, le pâ té, la sa la de, du bou illon.

Le chê ne é le vé, l'o gnon gâ té, un bâ ton uni, un che min a li gné, l'a mi fi dè le, de l'é tain fon du, u ne ren te é tein te, u ne bê che neu ve.

La pom pe de la fon tai ne, l'é tu de se ra u ti le, la bû che fe ra du feu, la va che ru mi ne, le mou ton bê le, la cha tte s'est mou illé la pa tte.

La bêche, la canne, une cave, une cabane, la montagne, une taupe, du bouilli, le feuillet, l'élève, l'épi.

Un bon compagnon, un joli bouquet, un caillou poli, le manche de la bêche, l'axe du monde, la colonne ronde, un empire étendu.

La caille chante, la lime se rouille, on pêche à la ligne, on a tondu mon mouton, Philippine raccommodera mon pantalon de nankin.

(12)

Leçon 6ᵐᵉ.

Sons composés.

ia	ié	iè	io	oi	ui
ieu	ian	ien	ion	oui	oin
è-i	oa-i	a-i	a-u	o-i	u-e
ay	oy	aï	aü	oï	uë

Sons articulés.

ab	ac	ad	al	ar	if
il	ir	ol	or	ul	ur
euf	eul	eur	œur	our	oir
a-ill	è-ill	eu-ill	eu-ill	eu-ill	ou-ill
ail	eil	euil	œil	ueil	ouil

Exercice.

oi	io	ia	iè	ui	ié
ian	ion	oui	ien	oin	ieu
aü	aï	oï	oy	uë	ay
al	ad	ar	ac	ud	ab
or	ir	ul	uc	il	ur
ol	eul	our	euf	oir	eur
œil	ail	ouil	eil	euil	ueil

Leçon 7ᵐᵉ.

Articulations composées.

bl	br	cl	cr	chr
fl	fr	phr	gl	gr
pl	pr	dr	tr	thr
vr	st	str	sc	squ
scr	spl	ps	sp	sph
ct	sb	pn	mn	

Exercice.

cr	cl	chr	br	bl
gl	fl	gr	phr	fl
thr	pl	dr	pr	tr
vr	squ	st	sc	str
scr	sph	spl	sp	sb
ps	mn	pn	ct	

Leçon 8me.

	a *a*	e *e*	é er ez	è ê ai ei	y i
bl	bl a	bl e	bl é	bl ê	bl i
br	br a	br e	br er	br ai	br i
cl	cl a	cl e	cl é	cl ai	cl i
cr	cr a	cr e	chr é	chr ê	cri i
fl	fl a	fl e	fl é	fl è	fl i
phr fr	phr a	ffr e	fr é	fr ai	fr i
gl	gl a	gl e	gl é	gl ai	gl i
gr	gr a	gr e	gr é	gr ai	gr i
pl	pla	ple	plé	plai	pli
pr	pra	pre	pré	prai	pri
dr	dra	dre	drez	drai	dri
tr	tra	tre	tré	trai	tri
vr	vra	vre	vré	vret	vri
squ sc	sca	sque	squer	squè	squi
str, st	sta	ste	sté	stè	sty
scr, spl	scra	sple	splé	splè	scri
sp, ps	spa	pse	spé	spè	spi

—Syllabes.

| o | eu | an | on | |
| au | œu | en | om | u, ou |

bl eau	bl eu	bl an	bl on	bl u
br o	br eu	br an	br on	br ou
cl au	cl eu	cl an	cl on	cl ou
cr o	cr eu	cr an	cr on	cr u
fl o	fl eu	fl an	fl on	fl u
fr o	fr eu	fr an	fr on	fr u
gl o	gl eu	gl an	gl on	gl ou
gr o	gr eu	gr an	gr on	gr ou
plau	pleu	plan	plon	plu
pro	preu	pren	prom	pru
dro	dreu	dran	dron	dru
thro	treu	tran	trom	trou
vro	vreu	vran	vron	vrou
sco	» eu	scan	squ'on	seu
stro	steu	stan	ston	stu
scro	» eu	splen	«om	scru
psau	pseu	spen	spon	psu

Leçon 9me.

Mots.

â cre, bri de, bro che, cra sse, cri me, croû te, cro chet, fla con, flû te, fron de, glo be, glai ve, gra ppe, grai sse, plan che, plu me, prê tre, trin gle, trou pe, sty le, psau me, li vret, bri ga de, cra va te, é pin gle, o ffran de, fleu ri ste, li brai re, o ffran de, pro phè te, pra ti que, scan da le, pro blê me, preu ve sa cri stin, scan da le, splen di de, stè re, cré a tu re, é cri tu re, pro spé ri té, fru ga li té, pro xi mi té, plé ni tu de.

abri, aigre, brevet, brouillon, classe, cloche, cruche, drogue, encre, fleuve, flûte, groupe, griffe, livre, lustre, maître, meuble, œuvre, plume, plateau, plâtre, prune, sable, table, triple, trempe, troupeau, trèfle, strophe, brochure, clôture, écrivain, épingle, offrande, imprimé, empreinte, plaine, manœuvre, pratique, préambule, tranquillité, apprendre, astreindre, prétendre, suspendre, transcrire.

Leçon 10me.

Phrases.

Du plâ tre, u ne gra ppe, une é pin gle, la bri ga de, une flûte, u ne ca psu le, l' é cli pse, u ne trin gle.

La bri de du bi det, u ne ta ble ron de, un co ffre so li de, u ne pro me na de a gré a ble, le sti le fleu ri, du sa ble fin, un pein tre fleu ri ste.

Un li vre bro ché, le co chon gro gne, la clo che tin te, le cri me se ra pu ni, l' é lè ve a ppren dra u ne le çon de gra mmai re.

Un livre, une plume, la table, un clou, du sable, une cravate, la catastrophe, un mystère.

Une croûte de pain, la table frugale, un kilogramme de poudre, le système planétaire, un grade élevé, une preuve convaincante.

S'appliquer à l'étude, pratiquer une bonne œuvre, inspirer de la crainte, apprendre à lire et à écrire, on éprouvera le pistolet à piston.

(18)

Leçon 11ᵐᵉ.—

		ia	ié	iè	io	oi	ui	ieu	ian	ien
		ion	oui	oin	ay	oy	aü	aï	oï	uë

	b	b ia	b ié	b iè	b ui	b oi
c	qu	c oin	qu oi	qu ié	c al	qu'il
	d	d oi	d ui	d ieu	d ion	d ien
f	ph	f ié	f io	f oi	f ui	f oui
g	gu	g oi	g oin	g uë	g al	g ar
	j	j oi	j ui	j oui	j oin	j ac
	l	l iè	l oi	l ui	l ieu	l oy
	m	m oi	m ieu	m ion	m oy	m aï
	n	nié	noi	nui	nion	nal
	p	pié	pio	pui	poin	pay
	r	roi	rui	rieu	rien	roy
ç	s	soi	sui	siè	sien	soin
	t	tié	tiè	toi	tui	tien
	v	vio	vieu	vian	vien	vion
x,	z	xié	zieu	xio	zian	zar
	ch	choi	chien	chion	chal	char
	gn	gniez	gnoi	gnion	gnal	gnol

— Syllabes.

ac al ar if il ir ol or ul ur euf
eul eur our oir ail eil euil ueil.

b	al	b	ar	b	or	b	ur	b	ail
c	ueil	c	œur	c	our	c	or	c	ur
d	ir	d	or	d	ur	d	eur	d	euil
f	ac	ph	ar	f	ir	f	or	f	ur
gu	ir	g	ol	g	or	g	our	g	ueil
j	ar	j	ob	j	or	j	ur	j	our
l	ar	l	or	l	eur	l	oir	l	eil
m	al	m	ar	m	ir	m	or	m	ur

nar	nif	nir	nor	neuf
par	pir	por	pur	pour
ral	rif	rir	reur	reil
sor	sub	sud	seul	sœur
tar	tir	tor	teur	tour
val	veuf	veur	voir	vail
zal	xac	zor	xal	zur
chir	chol	chor	cheur	choir
gnor	gnur	gneul	gneur	gnoir

Leçon 12me.

Mots.

ar bre, biè re, bui sson, boî te, bar be,
car pe, cor de, cal me, con seil, diè te,
é cueil, fia cre, for me, foui ne, fui te,
fiè vre, four gon, jar din, lar me, lièvre,
moi tié, or gueil, pa reil, por tail, pié té,
pio che, so leil, bal da quin, co car de,
car na val, col por teur, é ven tail,
fac tu re, for tu ne, mar mi te, mor su re,
ma ré chal, sé pul cre, sub ve nir, sa voir,
a gri cul teur, in quié tu de, é li xir,
cor dia li té, in fir mi té, mur mu ra teur.

arme, borne, bocal, carte, calcul,
canif, culte, fiole, fourmi, garçon,
gardien, journal, loyal, larme, lièvre,
marteau, martyr, marbre, miroir,
pointe, piéton, pioche, viande, violon,
alphabet, cartouche, caporal, élixir,
formule, matière, moutarde, ornière,
naïveté, purgatif, royaume, révolte,
substantif, tumulte, vacarme, voiture,
absurdité, calculateur, cultivateur, in-
fortune, marmelade, multitude.

Leçon 13me.

Phrases.

Un bui sson, u ne foui ne, de la biè-re, u ne ri viè re, la for tu ne, le so leil, u ne tui le, la por te, le ta rif.

De la bo nne toi le, u ne char man te ta ba tiè re, un bon con seil, un tra vail a ssi du, le si gnal de la ba ta ille, le mar di du car na val, un cœur pur.

Un che val ré tif, de la vian de cui te, le char bon fu me, le rui sseau mur mu re, le jar din se ra cul ti vé, ob te nir la fa cul té de par tir.

Le canif, la fiole, le fourgon, du poivre, la morsure, un marteau, l'éditeur; une pioche, de l'élixir, l'égoïste.

La fuite du lièvre, la chaleur du soleil, de la bonne bière, un violon juste, le journal quotidien, le jour du marché, la carpe du canal, l'ami sûr.

Rétablir l'ordre, polir du métal, punir le vol, payer une somme, le chien poursuivra le lièvre, on aime à dormir à l'ombre, il obtiendra la faveur qu'il a méritée.

Leçon 14me.

Lettres nulles.

a	nul dans	t*a*on, *a*oriste, Saône.
b	. . .	plom*b*.
c	. . .	ban*c*, bro*c*, jon*c*.
d	. . .	gran*d*, ron*d*, il ren*d*.
e	. . .	ass*e*oir, ru*e*, vi*e*.
g	. . .	san*g*sue, étan*g*, ran*g*.
h	. . .	*h*omme, *h*eure, mét*h*ode.
	. . .	po*i*gnard, po*i*gnée.
	. . .	fi*l*s, outi*l*, couti*l*.
m	. . .	auto*m*ne, conda*m*ner.
n	. . .	mo*n*sieur.
o	. . .	fa*o*n, La*o*n, pa*o*n.
p	. . .	ba*p*tême, cou*p*, tro*p*.
s	. . .	boi*s*, no*s* livre*s*.
t	. . .	salu*t*, gan*t*, sain*t*.
x	. . .	croi*x*, noi*x*, voi*x*.
nt	. . .	ils aime*nt*, ils veule*nt*.
ent	. . .	ils voi*ent*, ils pai*ent*.

Mots.

Août, aoûteron, tronc, chaud, grand, champ, camp, rue, vie, année, vue, ils paieront, long, faubourg, baptême, compte, habit, histoire, homme, huit, humble.

Rhône, théâtre, théologal, bonheur, poignard, baril, outil, fils, paon, condamner, dans, content, autant, annales, archives, hardes, arrhes, choix, faux, ils veulent, ils savent, ils chantaient, ils écrivaient.

Phrases.

Le mois d'août, un tronc d'arbre, un grand homme, un sort heureux, une rue étroite, un trafic honteux, un étang poissonneux, le compte réglé, le champ cultivé.

Le faubourg de la ville, un baril d'huile, un fruit d'automne, un enfant studieux, une voix élevée, un loup affamé, ils abandonnèrent le bon chemin qu'ils avaient tenu d'abord, faites asseoir monsieur votre père.

Leçon 15me.

Valeurs exceptionnelles de quelques lettres.

ce se prononce	se,	*ce* lui, *cé* leri, *cé* dre.
ci . . .	si,	*ci* re, *ci* tron, a *ci* de.
cen . .	sen,	*cen* ti me, *cen* su re.
cin . .	sin,	*cin* quante, mé de *cin*.
sci . .	si,	*sci* u re, di *sci* ple.
ge . .	je,	*ge* nou, pa *ge*.
gi . .	ji,	*gi* te, ar *gi* le, ma *gie*.
gen . .	jen,	*gen* dre, ar *gent*.
s . .	z (1)	dans ba*s*e, ru *s*e, mai*s*on
ti . .	si,	cau *ti*on, ra *ti*on.
e . .	è (2)	*e*lle, t*e*lle, *e* sprit.
e . .	è (3)	av*e*c, qu*e*l, mor t*e*l.
e . .	è (4)	*e*xtraire, réfl*e*xion.
es . .	é (5)	l*es*, d*es*, m*es*, t*es*, s*es*.
er . .	ère (6)	*er* mite, p*er* te.
ll . .	ill,	fa mi*lle*, fi*lle*, pa pi*llon*.
x . .	gz,	e*x*a mi ner, e*x*al ter.

---

(1) Entre deux voyelles. (2) Devant deux consonnes (3) Devant une consonne finale. (4) Devant x. (5) Dans les mots composés de deux ou trois lettres. (6) Au commencement et dans le corps des mots.

Mots.

*c*elui, cène, cèdre, face, place, race,
*c*ire, citée, citron, cilice, ciguë, citoyen,
*c*ent, cendre, centenier, descente,
*c*inq, cintre, larcin, médecin,
*sci*e, scieur, science, scène, sceptre,
*gé*nie, général, ange, image, liège,
*gi*let, gigot, agir, agiter, magistrat,
*gen*s, genre, gensive, contingent,
bi*s*e, cause, maison, saison, rasoir,
édi*ti*on, mention, portion, ration,
dette, greffe, paresse, estime, quelque,
aute*l*, ciel, miel, chef, cruel, tel, bel,
*ex*clamatif, exclure, sexe, vexé,
*er*mite, merle, perte, ferme, perversité,
bi*ll*et, famille, papillon, sillon, treille,
e*x*écuter, exalter, exemple, exiler.

Phrases.

Une cage, une cerise, du céleri, du cidre, la cicatrice, de la glace, la cité, le général, un cintre, de la cendre, un centime, le genou, la face, la ferme, du miel, une maison, le grillage, la famille, le médecin.

La cigale, une rose, un rasoir, un siége, l'émotion, la nation, une caresse, l'exil, un cierge.

Une gerbe d'orge, l'équité du juge, le magistrat du village, un bouchon de liége, une pièce de cinquante centimes, le bon citoyen, une armée disciplinée, la sentence prononcée, de la cire molle, le médecin habile, une cerise rouge, la maison neuve, une bonne portion, une musique religieuse, la vie éternelle, la perversité du siècle, une terre fertile, le joli papillon.

Agir selon la circonstance, pratiquer la vertu, cirer le meuble, ce bijou coûte cinquante-cinq centimes, on ensemencera cette terre, l'ermite a gémi sur la perversité du siècle, on a coupé la toison de ce mouton, cette petite fille ira à l'école, l'année se divise en quatre saisons, une action glorieuse a valu la décoration à ce chef intrépide, cent centimes font un franc, on additionnera les sommes partielles.

Leçon 16ᵐᵉ.

supplément aux valeurs exceptionnelles

e	se prononce a	dans	femme, solemnité.
eu	. . . u		j'eus, il eut, vous eûtes
ai	. . . é		aigu, j'aurai, je serai
en	. . . in		mentor, Benjamin.
œ	. . . é		œdème, œsophage.
um	. . . ome		album, triumvirat.
ch	. . . k		choléra, chœur, écho.
l	. . . ill		babil, péril, persil.
gn	. . . guene		regnicole, stagnation.
qu	. . . kou		aquatique, équateur.
w	. . . ou		wishi, wigh.
x	. . . k		excès, exciter, excepter
x	. . . z		deuxième, sixième.
x	. . . ç		soixante, Auxerre.

Mots.

ardemment, décemment, évidemment,
j'eus, il eut, il a eu, que j'eusse,
benjoin, mentor, pentateuque,
archange, eucharistie, choriste,
quadrupède, quadruple, équation,
excès, excéder, excepter, excellence,
deuxième, dixième, sixième, sixain,
soixante, Auxerre, Bruxelles.

phrases.

La solemnité, l'indemnité, du persil, l'eucharistie, l'équateur, un quadrupède, le babil, le benjoin, une fête solennelle, un oiseau aquatique, un beau chœur, du miel excellent, une fièvre cholérique, la deuxième édition, agir prudemment.

L'équateur coupe la terre en deux parties égales, six fois dix font soixante, trois est l'excès de neuf sur six, l'homme fut créé le sixième jour, les quadrupèdes ont quatre pieds, entendez-vous l'écho de la montagne? ne vous exposez pas au péril. L'eucharistie contient le corps, le sang, l'ame et la divinité de notre seigneur Jésus-Christ. Dimanche dernier j'eus la visite de celui que vous eûtes, il y a quelques jours, pour compagnon de voyage.

Liaison des mots.

Lisez :		
tabac à fumer		taba cafumer.
grand homme		gran thomme.
soif ardente	comme s'il y avait	soi fardente.
total exact		tota lexact.
mon âme		mo nâme.
trop étroit		tro pétroit.
petit enfant		peti tenfant.
vous écrirez		vou zécrirez.
deux heures		deu zheures.

Lecture courante

Oraison dominicale.

Notre père qui êtes aux cieux, que votre nom soit sanctifié, que votre règne arrive, que votre volonté soit faite sur la terre comme au ciel ; donnez-nous aujourd'hui notre pain de chaque jour ; pardonnez-nous nos offenses, comme nous pardonnons à ceux qui nous ont offensés, et ne nous laissez pas succomber à la tentation, mais délivrez-nous du mal. Ainsi soit-il.

Salutation angélique.

Je vous salue, Marie, pleine de grâces ; le seigneur est avec vous ; vous êtes bénie par-dessus toutes les femmes, et Jésus, le fruit de vos entrailles est béni.

Sainte Marie, mère de Dieu, priez pour nous, pauvres pécheurs, maintenant et à l'heure de notre mort. Ainsi soit-il.

Symbole des Apôtres.

Je crois en Dieu le père tout-puissant, créateur du ciel et de la terre ; et en Jésus-Christ son fils unique notre Seigneur, qui a été conçu du

Saint-Esprit, est né de la Vierge Marie; qui a souffert sous Ponce-Pilate, a été crucifié, est mort et a été enseveli; qui est descendu aux enfers: le troisième jour est ressuscité d'entre les morts; qui est monté aux cieux, est assis à la droite de Dieu le père tout-puissant, d'où il viendra juger les vivans et les morts.

Je crois au Saint-Esprit, la sainte église catholique, la communion des saints, la rémission des péchés, la résurrection de la chair, la vie éternelle. Ainsi soit-il.

Confession des péchés.

Je confesse à Dieu tout-puissant, à la bienheureuse Marie toujours vierge, à saint Michel archange, à saint Jean-Baptiste, aux Apôtres saint Pierre et saint Paul, à tous les saints (et à vous, mon père), que j'ai beaucoup péché par pensées, par paroles, et par actions : c'est ma faute, c'est ma faute, c'est ma très-grande faute. C'est pourquoi je supplie la bienheureuse Marie, toujours vierge, saint Michel archange, saint Jean-Baptiste, les apôtres saint Pierre et saint Paul, tous les saints (et vous mon père), de prier pour moi le seigneur notre Dieu.

Que Dieu tout-puissant ait pitié de nous, et qu'après nous avoir pardonné nos péchés, il nous conduise à la vie éternelle. Ainsi soit-il.

Que le Seigneur tout-puissant et miséricordieux nous accorde le pardon, l'absolution et la rémission de nos péchés. Ainsi soit-il.

Règlement de conduite.

Croyons en Dieu, espérons en lui et aimons-le de tout notre cœur ; que notre piété soit sincère et ferme. — Honorons notre père et notre mère ; respectons nos maîtres, nos bienfaiteurs et les vieillards. — Soyons toujours prêts à secourir nos semblables : vivons avec eux dans l'union et dans la charité. — Taisons nos bienfaits ; ne les reprochons jamais. — Ne trompons jamais personne ; disons toujours la vérité ; soyons fidèles à notre parole.

Montrons-nous indulgents pour les défauts d'autrui ; pardonnons les offenses qu'on peut avoir commises envers nous. — Soyons discrets ; que le mérite, la richesse, ou le bonheur des autres, n'excite jamais chez nous une indigne envie. — N'ayons point d'orgueil ; ne nous louons jamais nous-mêmes. — Soyons modestes dans la prospérité ; supportons l'adversité avec courage, avec constance, avec résignation. — Ne méprisons personne. Ne parlons jamais mal des personnes absentes ; soyons prudents avec celles devant lesquelles nous nous trouvons.

Recevons les conseils avec reconnaissance. — Ne mettons point de précipitation dans nos jugements. — Ne perdons point le temps à des choses frivoles. — Parlons peu, pensons bien et gardons nos secrets. — Choisissons nos amis parmi les gens honnêtes et vertueux. — Ayons des mœurs régulières et pures ; soyons sobres ; gardons-nous de la passion du jeu ; immolons nos plaisirs à nos devoirs ; sachons borner nos désirs.

C'est dans l'adversité qu'on voit le mieux ce que chacun a de vertu, car les occasions ne rendent pas l'homme fragile, mais elles montrent ce qu'il est. — Ayons donc horreur du mal et attachons-nous constamment au bien, car les vertus ne s'acquièrent qu'avec beaucoup de soins et des efforts constants.

Conseils aux Enfants.

Voulez-vous, mes enfants, avoir parmi vos camarades, vos amis, vos voisins, une bonne réputation ? Soyez dociles aux conseils de vos parents ; écoutez leurs avis avec reconnaissance et leurs réprimandes avec soumission. Vos parents, en cherchant à vous corriger de vos défauts, n'ont pas l'intention de vous tromper : leur unique but est de vous rendre meilleurs.

Ils sont plus âgés que vous, ils ont plus d'expérience et de prévoyance : lorsqu'ils vous parlent, vous devez croire qu'ils le font dans votre intérêt, et qu'ils ont raison, même en contrariant votre volonté. A votre âge, on ne réfléchit guère ; ils réfléchissent pour vous.

Il n'est pas rare cependant que les enfants se révoltent des conseils qu'on leur donne ; ils prétendent n'avoir pas tort, et la conscience leur dit qu'ils mentent. Ils s'obstinent dans leur sotte volonté ; ils s'irritent et s'emportent comme des insensés. A quoi bon tous ces accès de colère ? il faut toujours céder, car vos parents n'ont pas l'habitude de se laisser gouverner par vous. Ils sont plus raisonnables et plus forts ; ce qu'ils veulent, ils sont en état de l'exécuter, et vous, après avoir résisté, crié et pleuré, vous êtes forcés d'obéir.

Nous avons tous été petits, tous enfants, tous, nous avons eu des parents qui nous ont instruits et corrigés. Est-il juste que les petits conduisent les grands, que les enfants dirigent leurs parents ? Ce serait le monde renversé. Figurez-vous un petit bonhomme de huit ans, commandant en maître dans la maison et faisant marcher à sa guise père et mère. Je ne voudrais pas, dans son intérêt, qu'on lui abandonnât un seul jour une autorité si étendue ; la leçon serait trop sévère.

A-t-il la force de travailler ? Quand sa mère lui demandera du pain, comment lui en donnera-t-il ? Et lui-même, s'il a faim, à qui s'adressera-t-il ? à ses parents. Qui l'habille quand il a froid ? ses parents. Qui le soigne quand il est malade ? ses parents. Qui le console quand il souffre ? Qui le défend quand on l'attaque ? ses parents. Ils sont ses protecteurs, ses nourriciers, ses meilleurs amis. C'est bien le moins qu'il les écoute avec docilité, qu'il ait pour eux déférence et respect.

Soyez bons camarades avec vos égaux, supportez leurs défauts pour qu'ils supportent les vôtres. Ne vous vengez pas brutalement des offenses que vous pouvez avoir reçues : il faut savoir pardonner une injure. Soyez respectueux avec vos supérieurs; lorsqu'ils vous adressent la parole, écoutez avec docilité et répondez avec politesse; puisqu'ils ont de l'autorité sur vous, ils sauront en user si vous oubliez l'obéissance que vous leur devez ; ils remplacent vos parents qui ne peuvent pas toujours veiller sur vous et vous instruire. A ce titre vous êtes tenus envers eux à la même soumission, aux mêmes égards et aux mêmes devoirs.

Que vos vêtements, vos livres et les petits objets à votre usage, ne soient jamais en désordre; il faut les ménager, car on vous les a donnés pour que vous vous en serviez et non pour que vous preniez plaisir à les déchirer, à les perdre, à les gaspiller mal à propos. N'oubliez pas que vous n'avez pas d'argent pour les remplacer, que vous n'êtes pas encore en état d'en gagner, et que vos parents ont quelquefois été obligés de se priver du nécessaire pour subvenir à tous vos besoins. Ce serait bien mal reconnaître les sacrifices qu'ils se sont imposés, que de les rendre inutiles ou de les forcer à les répéter sans cesse.

La propreté est une qualité essentielle à tous les âges, à l'enfance surtout, qui doit en prendre l'habitude de bonne heure. On s'en porte mieux ; les maladies arrivent si souvent sans qu'on les cherche, qu'il est raisonnable d'éviter tout ce qui peut altérer la santé. La bonne santé dépend principalement de la propreté du corps. N'ayez pas peur de l'eau froide; lavez-vous fréquemment les mains et le visage. Quelque pauvre que l'on soit, on peut toujours prendre ces petites précautions.

Un enfant dont les mains sont sâles, dont le visage est malpropre, dont les vêtements sont en désordre, inspire de la répugnance ; tandis qu'un enfant bien tenu fait plaisir à voir. On est disposé à avoir bonne opinion de lui et à l'aimer même avant de le connaître.

HYMNE.

Venez, louons Dieu, car il est extrêmement grand ; bénissons Dieu, car il est très bon.

Il a fait toutes choses : le soleil, pour diriger le jour ; la lune pour éclairer la nuit.

Il a fait la grande baleine, et l'éléphant, et les petits vermisseaux qui rampent sur la terre.

Les petits oiseaux chantent les louanges de Dieu, quand ils gazouillent doucement sous les ombrages verts.

Les ruisseaux louent Dieu, quand ils murmurerent mélodieusement parmi les cailloux polis.

Je louerai Dieu avec ma voix, car je puis le louer quoique je ne soit qu'un enfant.

Il y a peu d'années que j'étais au berceau ; ma langue était liée dans ma bouche et je ne connaissais pas le grand nom de Dieu, car je n'avais pas d'intelligence.

Mais, aujourd'hui, je puis parler, et ma langue le louera ; je puis penser à toutes ses bontés, et mon cœur l'aimera.

Qu'il m'appelle, j'irai à lui ; qu'il me commande, et je lui obéirai.

Chaque année, je l'aimerai d'avantage, et toute ma vie je bénirai le nom de Dieu.

SAINT-ÉTIENNE,
Imprimerie et Lithographie de R. PICHON.

www.ingramcontent.com/pod-product-compliance
Lightning Source LLC
Chambersburg PA
CBHW060902050426
42453CB00010B/1537